Cocina
LIBANESA

KÖNEMANN

INGREDIENTES BÁSICOS

La comida libanesa ha cobrado tanta popularidad que ingredientes como el bulgur y la tahina, que antes sólo podían encontrarse en establecimientos especializados en productos de Oriente Medio, ahora pueden adquirirse en supermercados y tiendas de productos naturales.

Agua de azahar: Se obtiene del neroli, esencia en aceite que se extrae de la flor del naranjo dulce, y se utiliza como aromatizante de pastas, pasteles y siropes dulces, para servir con tortitas y otros postres propios de Oriente Medio. Puede adquirirse en tiendas de productos naturales y establecimientos especializados.

Agua de rosas: Esencia diluida que se obtiene de la destilación de rosas aromáticas de color rojo intenso y se utiliza para dar un singular y ligero sabor a dulces, pastas y postres. Está disponible en tiendas de productos naturales y establecimientos especializados.

Cilantro: Hierba aromática de sabor intenso que puede adquirirse fresca en muchas verdulerías. Sus hojas tienen un color verde intenso y una forma dentada. Para conservarlo en la nevera, guárdelo en un vaso de agua cubierto con film transparente. El cilantro también puede adquirirse seco y molido o bien en semilla. No lo congele más de 6 meses y guárdelo en un recipiente hermético.

Comino: Especia de sabor fresco e intenso, disponible en semilla o molido. En semilla conserva el sabor durante más tiempo, por lo que es aconsejable moler sólo la cantidad necesaria cada vez. Guárdelo, tanto si está en semilla como molido, en recipientes herméticos.

Garbanzos: Esta legumbre dura y de color amarillo claro es esencial en la cocina libanesa por encontrarse en recetas tan tradicionales como el hummus y las bolitas "falafel". Los garbanzos pueden adquirirse secos o en conserva, en supermercados y establecimientos especializados. Los garbanzos secos deben ponerse en remojo por lo menos 4 horas y a ser posible durante la noche, antes de cocerlos.

Hummus: Este plato, elemento fundamental de la cocina de Oriente Medio, se prepara triturando garbanzos cocidos y mezclándolos con zumo de limón, ajo y aceite de oliva hasta conseguir una pasta. Puede adquirirse ya preparado en algunos establecimientos especializados y supermercados. Se sirve como puré o como salsa para kebabs.

Sémola de trigo (bulgur): Suele cocerse parcialmente al vapor y se tritura. Antes de poder utilizarlo en ensaladas como el

tabbouleh o bien en koftas de carne, el trigo tiene que haber permanecido en remojo 10 minutos y estar totalmente escurrido. Coloque el trigo en un recipiente hermético y consérvelo hasta 6 meses en un lugar fresco y oscuro.

Lentejas: Existen distintas variedades de lentejas: rubias, pardinas y rojas. Para reblandecerlas, deje que hiervan 1 hora a fuego lento. A menudo se cuecen hasta deshacerse o se preparan en forma de puré. Es aconsejable conservarlas en recipientes herméticos.

Mezze: Ésta es la palabra usada en Oriente Medio para describir los entremeses. Suelen servirse gran diversidad de ellos y en ocasiones sustituyen una comida principal.

Okras: Se trata de unas hortalizas estriadas y con uno de los extremos puntiagudos. Pueden adquirirse frescas de verano a otoño o en conserva. Si se utilizan frescas, debe recortarse el tallo antes de cocerlas. Pueden conservarse 10 días en la nevera, en el lugar más seco. Si no las encuentra, use calabaza o calabacines.

Pasta filó: Se utiliza normalmente pasta congelada ya preparada, que se vende en supermercados. Esta pasta fina como el papel está compuesta por harina de alto contenido en gluten, aceite y agua. Al secarse y romperse con facilidad, es aconsejable cubrirla con film transparente o un trapo de cocina humedecido.

Pistachos: Estas semillas verdes están recubiertas por una cáscara dura de color amarillo que hay que retirar (con las manos) antes de poder comerlos. Consérvelos en un recipiente hermético.

Tahina: Pasta de color gris parduzco elaborada con semillas de sésamo molidas y tostadas. Como sus ingredientes se separan al estar en reposo, deben mezclarse bien antes de utilizarse. Puede adquirirse envasada, en tiendas de productos naturales, algunos supermercados y en establecimientos especializados.

Yogur: Producto lácteo obtenido a partir de la coagulación de la leche por la acción de ciertas bacterias, que se utiliza y sirve con una gran cantidad de platos en Oriente Medio. Al tener un efecto refrescante, suele servirse con pepinos troceados, después de una comida picante. Puede conservarse hasta 10 días cubierto en el frigorífico.

Sale la pulpa de las berenjenas partidas por la mitad y déjelas reposar de 10 a 15 minutos.

Hornee las berenjenas durante 20 minutos y quíteles la piel.

APERITIVOS (MEZZE) Y SOPAS

Es tanta la popularidad de los mezze, que en un restaurante libanés estos deliciosos platos pueden tomarse solos.

Puré de berenjenas y tahina

Tiempo de preparación:
20 minutos
Tiempo de cocción:
20 minutos
Para 6-8 personas

2 berenjenas pequeñas, partidas por la mitad, en vertical	de limón
sal	$^1/_4$ taza de tahina
2 dientes de ajo machacados	1 cucharada de aceite de oliva
2 cucharadas de zumo	sal al gusto
	1 cucharada de menta fresca picada

1 Precaliente el horno a una temperatura de 190°C.
2 Sale las berenjenas por la parte de la pulpa. Déjelas reposar de 10 a 15 minutos, elimine la sal con agua y séquelas con papel absorbente.

3 Disponga las berenjenas boca arriba en una bandeja de horno y áselas durante 20 minutos o hasta que la carne esté blanda y después quíteles la piel.
4 A continuación, coloque las berenjenas, el ajo, el

zumo de limón, la tahina y el aceite de oliva en una picadora y tritúrelos durante 30 segundos o hasta conseguir una masa fina. Sazónelo al gusto.
5 Decoe el plato con menta y sírvalo acompañado de trozos de pan pita.
Nota: Este plato, denominado *Baba Ghannouj*, es un aperitivo muy apreciado en Oriente Medio.
La tahina consiste en una pasta hecha de semillas de sésamo picadas y tostadas y puede adquirirse en tiendas de productos naturales, supermercados y comercios especializados.

Coloque las berenjenas, el ajo, el zumo de limón, la tahina y el aceite en una picadora.

Triture la mezcla durante 30 segundos o hasta conseguir una masa fina y añada sal.

Hummus

El puré más popular de Oriente Medio.

Tiempo de preparación:
10 minutos + 4 horas en remojo
Tiempo de cocción:
1 hora
Para 8-10 personas

1 taza de garbanzos	2 dientes de ajo
3 tazas de agua	2 cucharadas de agua,
¹/₄ taza de zumo de	adicionales
limón	¹/₂ cucharadita de sal
¹/₄ taza de aceite de	pimentón dulce molido,
oliva	para decorar

1 Ponga los garbanzos en un recipiente con agua y déjelos en remojo 4 horas o durante toda la noche. Escúrralos, colóquelos en una cacerola, añádales agua y llévelos a ebullición. Déjelos hervir a fuego lento durante 1 hora, sin tapar.

2 Ponga los garbanzos, el zumo de limón, el aceite, los ajos partidos, el agua y la sal en una picadora y tritúrelos durante 30 segundos o hasta conseguir una pasta fina. Espolvoree el hummus con pimentón y sírvalo acompañado de pan pita.

CONSEJO
Una variante del hummus tradicional es el *Hummus bi Tahini*, que se obtiene al añadir ³/₄ taza de tahina. Mezclándolo con un poco más de agua obtendrá la salsa para kebabs.

Ponga los garbanzos en remojo durante 4 horas como mínimo y después escúrralos.

Cúbralos con agua, llévelos a ebullición y déjelos hervir durante 1 hora.

Pase por la picadora los garbanzos, el zumo de limón, el aceite de oliva, el agua y la sal.

Los ingredientes deben triturarse hasta conseguir una pasta fina.

Rollitos de cordero

Tiempo de preparación:
25 minutos
Tiempo de cocción:
15-20 minutos
Para 24 unidades

2 cucharadas de aceite de oliva	1 cucharadita de pimienta molida
1 cebolla picada	375 g de pasta filó
$^1/_3$ taza de piñones	(vea la nota)
500 g de carne de cordero picada	85 g de mantequilla
$^1/_4$ taza de pasas	
1 taza de queso rallado	**SALSA DE YOGUR:**
2 cucharadas de cilantro fresco cortado	$^1/_4$ parte de un pepino
	$^3/_4$ taza de yogur natural
2 cucharadas de menta fresca cortada	1 cucharada de cilantro fresco picado

1 Precaliente el horno a 190°C. Cubra con papel parafinado una placa del horno de 28 x 32 cm.

2 Caliente el aceite en una sartén y fría la cebolla y los piñones a fuego medio 5 minutos, hasta que estén dorados. Añada el cordero y saltéelo también a fuego medio de 5 a 10 minutos, hasta que esté bien dorado y se haya evaporado la mayor parte del líquido. Con un tenedor, aplaste muy bien la carne picada.

3 Retírelo del fuego y deje que se enfríe un poco. Añada las pasas, el queso, el cilantro, la menta y la pimienta y mézclelo todo.

4 Disponga 10 láminas de pasta filó en la superficie de trabajo y con un cuchillo afilado o unas tijeras córtelas en 4 tiras longitudinales. Unte las tiras con mantequilla derretida y dispóngalas una encima de la otra. Coloque 1 cucharada de la mezcla de cordero en un extremo de la lámina superior. Doble el extremo y enrolle la tira con el relleno hasta que tenga una forma cilíndrica. Repita este proceso con el resto de pasta filó y de relleno.

5 Coloque los rollos en la bandeja y úntelos con la mantequilla sobrante. Hornéelos de 15 a 20 minutos o hasta que estén dorados. Sírvalos calientes o fríos con salsa de yogur, como aperitivo o entrante.

6 Para preparar la salsa de yogur, retire la piel y las pepitas de los pepinos y píquelos. A continuación, mézclelos con el yogur y el cilantro.

Nota: Cubra las láminas de pasta filó sobrantes con un paño humedecido para evitar que se sequen. Recuerde también manipular la pasta con cuidado, ya que es muy delicada.

CONSEJO
Estos rollos, que constituyen un delicioso aperitivo para fiestas, pueden prepararse de antemano, envolverse en papel de aluminio y conservarse en el congelador hasta 3 meses.

Fría la cebolla y los piñones en una sartén a fuego medio, hasta que estén dorados.

Añada las pasas, el queso, el cilantro, la menta y la pimienta al cordero ya cocido.

Corte cada lámina de pasta filó en 4 tiras longitudinales.

Ponga una cucharada de mezcla en un extremo de las tiras y enróllelas a modo de cilindro.

9

Hojas de col rellenas

Tiempo de preparación:
30 minutos
Tiempo de cocción:
20-25 minutos
Para 6 personas

6 hojas de col común grandes	semillas de comino
	$1/2$ cucharadita de canela en polvo
RELLENO:	2 cucharadas de perejil fresco picado
2 cucharaditas de aceite de oliva	$2^1/_2$ tazas de arroz de grano largo hervido
4 cebolletas picadas	1 taza de caldo de verduras o de pollo
1 diente de ajo machacado	
2 cucharadas de concentrado de tomate	**SALSA DE YOGUR:**
$1/2$ taza de pasas de Corinto	$3/_4$ taza de yogur
2 cucharadas de almendras fileteadas	1 cucharadita de comino picado
1 cucharadita de	1 cucharada de menta fresca picada

1 Precaliente el horno a 190°C. Unte una bandeja de horno honda con mantequilla derretida o aceite.

2 Escalde las hojas de col en agua hirviendo durante 10 segundos o hasta que estén blandas y flexibles. Séquelas y retire los tronchos. Deje las hojas aparte.

3 Para preparar el relleno, caliente el aceite en una sartén grande y cueza las cebolletas y el ajo a fuego medio durante 30 segundos. Añada el concentrado de tomate, las pasas de Corinto, las almendras, las semillas de comino, la canela, el perejil y el arroz y mézclelo todo bien. Retírelo del fuego y déjelo enfriar un poco.

4 Coloque 3 cucharadas de relleno en un extremo de cada hoja de col y enróllelas formando paquetitos. Coloque los rollos en un plato, con la cara lisa hacia arriba, y écheles el caldo por encima. Cúbralos con una tapa o con papel de aluminio y hornéelos durante 20 ó 25 minutos o hasta que estén bien cocidos.

5 Para preparar la salsa de yogur, mezcle en un cuenco el yogur, el comino y la menta. Sirva las hojas de col, calientes o frías, acompañadas de salsa de yogur y aderécelas con menta fresca o cilantro en rama.

Nota: Prepare la salsa de yogur inmediatamente antes de servir.

CONSEJO
Si resulta difícil separar las hojas de la col, hierva en agua la col entera de 3 a 4 minutos. Retírela del fuego y déjela enfriar un poco. Después de esto, las hojas deberían despegarse fácilmente. Durante el horneado, coloque un plato del revés por encima de los rollos de col para evitar que se desmenucen.

Escalde las hojas de col en una cacerola con agua hirviendo durante 10 minutos.

Añada el concentrado de tomate, las pasas, las almendras, la canela, el perejil y el arroz.

Coloque el relleno en un extremo de las hojas de col y enróllelas formando paquetitos.

Coloque las hojas de col rellenas en un plato y añádales el caldo.

11

"Falafel" con verduras

Uno de los platos libaneses más populares en todo el mundo.

Tiempo de preparación:
25 minutos + 30 minutos en reposo + 4 horas en remojo
Tiempo de cocción:
20-25 minutos
Para 6 personas

"FALAFEL":
2 tazas de garbanzos
3 tazas de agua
1 cebolla pequeña picada
2 dientes de ajo machacados
2 cucharadas de perejil fresco picado
1 cucharada de cilantro fresco picado
2 cucharaditas de comino picado
1 cucharada de agua
$1/2$ cucharadita de levadura
aceite para freír

VERDURAS:
2 tomates medianos, pelados y cortados en trocitos
$1/4$ parte de un pepino cortado en trocitos
$1/2$ pimiento verde cortado en trocitos
2 cucharadas de perejil
1 cucharadita de azúcar
2 cucharaditas de salsa de guindillas
$1/2$ cucharadita de pimienta negra molida
la piel rallada y el zumo de 1 limón

1 Para preparar las bolitas "falafel", ponga los garbanzos en agua y déjelos en remojo durante 4 horas. Escúrralos y páselos por una picadora durante 30 segundos o hasta que queden picados muy finamente.

2 Añada la cebolla, el ajo, el perejil, el cilantro, el comino, el agua y la levadura y tritúrelo durante 10 segundos o hasta conseguir una masa de textura rugosa. Deje reposar la mezcla durante 30 minutos.

3 Para preparar el combinado de verduras, coloque todos los ingredientes en un bol y mézclelos bien. Después, déjelos aparte.

4 Tome como medida una cucharada colmada de la mezcla de "falafel" y forme bolas, eliminando el exceso de líquido con las manos. Caliente el aceite a temperatura moderada en una sartén honda de fondo pesado y sumerja en él las bolas "falafel" con una cuchara. Fría las bolas una por una, de 3 a 4 minutos, moviendo ligeramente la cuchara para evitar que se peguen. Una vez doradas, retírelas del fuego con una espumadera y deje que se esurran en papel absorbente.

5 Sirva las bolitas de "falafel" calientes o frías, y dispóngalas encima de una base de verduras troceadas o acompáñelas de pan pita, el combinado de verduras y hummus.

Nota: Si la mezcla está demasiado húmeda, por lo que resulta difícil formar las bolitas, añádale una pequeña cantidad de harina.

Añada a los garbanzos triturados los otros ingredientes para las "falafel" y píquelos.

Coloque en un bol los ingredientes para el combinado de verduras y mézclelos bien.

Tome como medida cucharadas de la mezcla y forme bolitas, exprimiendo el líquido.

Cuando las "falafel" estén doradas, retírelas del fuego y deje que se escurran.

Bolas de pollo con pistacho

Tiempo de preparación:
10 minutos
Tiempo de cocción:
6 minutos
Para 14 unidades

375 g de carne de pollo picada	¹/₂ cucharadita de canela en polvo
³/₄ taza de pan blanco recién rallado	1 cucharadita de cilantro molido
¹/₃ taza de pistachos pelados y partidos	¹/₂ taza de harina blanca
1 huevo poco batido	2 cucharadas de aceite de oliva
¹/₂ cucharadita de cúrcuma molida	rodajas de limón, para servir

1 Coloque el pollo, el pan rallado, el pistacho, el huevo y las especias en un bol y mézclelo todo bien.

2 Con la ayuda de las manos, forme bolitas con cucharadas de la mezcla y rebócelas con harina, retirando la sobrante.

3 Caliente el aceite en una sartén de fondo pesado y fría las bolas por tandas a fuego medio, dándoles la vuelta para que se doren por todas partes. Después, deje que se escurran bien en papel absorbente.

4 Sírvalas con rodajas de limón para picar o como un ligero entrante, acompañadas de una ensalada verde fresca.

Retire la cáscara del pistacho, abriéndola con las manos.

Mezcle el pollo, el pan rallado, el pistacho, el huevo y las especias.

Forme bolitas con cucharadas de la mezcla y
páselas por harina.

Reboce las bolitas por tandas en aceite
caliente hasta que estén totalmente doradas.

15

Sopa de lentejas y espinacas

Tiempo de preparación:
10 minutos
Tiempo de cocción:
85 minutos
Para 4-6 personas

2 tazas de lentejas pardinas	tronco
5 tazas de agua	1 cucharadita de comino molido
2 cucharaditas de aceite de oliva	2 cucharadas de cilantro fresco picado
1 cebolla mediana, picada	1 cucharadita de ralladura de limón
2 dientes de ajo machacados	2 tazas de caldo de verduras
20 hojas de espinaca, troceadas y sin	2 tazas de agua

1 Coloque las lentejas en una cacerola con agua y llévelas a ebullición. Deje que hiervan sin tapar durante 1 hora. Retírelas del agua, escúrralas y déjelas aparte. En una sartén, caliente el aceite y fría a fuego lento la cebolla y el ajo. Añada las espinacas y cueza la mezcla otros 2 minutos.

2 Añada las lentejas, el comino, el cilantro, la ralladura de limón, el caldo y el agua. Déjelo hervir sin tapar durante 15 minutos. Sírvalo en el acto.

Pique la cebolla y el cilantro, machaque el ajo y corte las hojas de espinaca.

Fría en aceite a fuego medio la cebolla y el ajo hasta que estén dorados.

Añada las espinacas cortadas y cuézalo todo durante 2 minutos.

Agregue las lentejas, el comino, el cilantro, la ralladura de limón, el caldo y el agua.

Escurra la sémola de trigo empapada
presionando con el revés de una cuchara.

Con un cuchillo afilado, pique el perejil de
hoja plana y la menta.

ENSALADAS, HORTALIZAS Y PAN

La ensalada libanesa más conocida es el tabbouleh, componente indispensable de las bolitas "falafel",
pero existen otras muchas formas de preparar las hortalizas en Oriente Medio.

Tabbouleh

Fresco y agrio.

Tiempo de preparación:
20 minutos
Tiempo de cocción:
ninguno
Para 6-8 personas

---

1 taza de sémola de trigo (bulgur)	2 tomates medianos, cortados en trocitos
2 tazas de agua	2 cucharadas de zumo de limón
$^3/_4$ taza de perejil de hoja plana picado	1 cucharada de aceite de oliva
$^3/_4$ taza de menta fresca picada	1 cucharadita de pimienta molida
4 cebolletas picadas	

---

1 Ponga el trigo en un recipiente con agua y déjelo en remojo durante 10 minutos. Después, escúrralo y exprima el agua restante presionando el trigo contra un tamiz con una cuchara.

2 Coloque en un cuenco el trigo, el perejil, la menta, las cebolletas, los tomates, el zumo de limón, el aceite y la pimienta y mézclelo bien. Sírvalo como aperitivo, acompañado de hojitas de lechuga fresca para apilar el tabbouleh, o bien como ensalada, para acompañar un plato principal.

Nota: En las zonas montañosas del Líbano se utilizan hojas de parra jóvenes y recien recolectadas a modo de cuchara para apilar la ensalada.

> ## CONSEJO
> El tabbouleh resulta delicioso en pan pita, con rodajas de cualquier tipo de carne o bolitas "falafel" y hummus. Para conservarlo, envuélvalo en film transparente y guárdelo en el frigorífico.

Corte los tomates en dados muy pequeños y exprima dos cucharaditas de zumo de limón.

Coloque todos los ingredientes en un bol y mézclelo todo bien.

Ensalada de patatas picante

Tiempo de preparación:
15 minutos
Tiempo de cocción:
20 minutos
Para 6 personas

---

500 g de patatas "baby" nuevas, partidas por la mitad

250 g de judías verdes sin puntas, cortadas en diagonal

ADEREZO:
$1/4$ taza de aceite

2 guindillas rojas sin semillas, cortadas en juliana

1 diente de ajo majado

$1/4$ taza de cilantro fresco picado

1 cucharada de vinagre de vino tinto

$1/2$ cucharadita de carvi

---

1 Cueza las patatas en una olla con agua hirviendo durante 20 minutos o hasta que estén tiernas, pero consistentes. Escúrralas y déjelas aparte. Escalde las judías en agua hirviendo durante 2 minutos o hasta que estén tiernas y adquieran un color verde intenso. Escúrralas y apártelas.

2 Para preparar el aderezo, bata todos los ingredientes en un bol durante 2 minutos o hasta que estén bien mezclados. Añada el aderezo a la ensalada, ya sea caliente o fría, no más de 5 minutos antes de servirla o, de lo contrario, se desteñirá.

Parta las patatas nuevas por la mitad y corte las judías en diagonal.

Cueza las patatas en una olla con agua hasta que estén tiernas, pero consistentes.

Escalde las judías 2 minutos en agua hirviendo y, a continuación, escúrralas.

Bata todos los ingredientes del aderezo en un cuenco pequeño.

Ensalada de berenjenas y cilantro

Tiempo de preparación:
25 minutos
Tiempo de cocción:
6 minutos
Para 6 personas

2 berenjenas pequeñas	1 cucharada de zumo de
3 calabacines pequeños	limón
2 cucharadas de aceite	1 cucharada de zumo de
de oliva	de naranja
$^{1}/_{2}$ taza de cilantro	$^{1}/_{2}$ cucharadita de
fresco picado	pimienta molida

1 Corte las berenjenas en finas rodajas, colóquelas en un colador y sálelas. Déjelas reposar de 15 a 20 minutos.

2 Corte los calabacines en láminas muy finas con un pelador y déjelas aparte. Lave las berenjenas y séquelas con papel absorbente. Unte con aceite ambos lados de las berenjenas y dispóngalas en una bandeja de horno.

3 Áselas en el grill precalentado 3 minutos en cada lado o hasta que adquieran un color ligeramente dorado. Déjelas aparte para que se enfríen un poco.

4 Coloque las berenjenas, los calabacines, el aceite, el cilantro, los zumos y la pimienta en un cuenco y remuévalos para que se mezclen. Sírvalo como aperitivo o ensalada para acompañar un plato principal.

Sale las finas rodajas de berenjena y déjelas reposar en un colador.

Con un pelador corte los calabacines longitudinalmente, en láminas muy finas.

Ase al grill las berenjenas untadas de aceite durante 3 minutos o hasta que estén doradas.

Mezcle las berenjenas, los calabacines, el aceite, el cilantro, los zumos y la pimienta.

Ensalada de nueces y espinacas

Tiempo de preparación:
15 minutos
Tiempo de cocción:
2 minutos
Para 4 personas

30 hojas de espinaca	1 cucharada de menta
250 g de judías verdes	fresca picada
jóvenes, cortadas en	$^1/_2$ taza de nueces
trozos de 3 cm	tostadas y troceadas
$^1/_2$ cebolla mediana	hojas de menta fresca,
cortada a lo largo	como guarnición
$^1/_3$ taza de yogur	guindillas cortadas en
natural	espiral, como
1 cucharada de zumo de	guarnición
limón	

1 Enjuague varias veces las hojas de espinaca en agua fría. Hierva las espinacas y las judías por separado, durante 2 minutos o hasta que adquieran un color verde intenso. Escúrralas y deje que se enfríen.

2 Disponga las espinacas, las judías y la cebolla en una fuente para servir. Mezcle bien el yogur y la menta en un bol. Añádalo a la ensalada, esparza las nueces y decórelo con las hojas de menta y las guindillas. Sirva la ensalada como un plato ligero acompañada de pan pita.

Corte las judías en trozos longitudinales y la cebolla en tiras finas.

Ponga las espinacas en agua hirviendo 2 minutos o hasta que tengan un color verde vivo.

Para preparar el aliño, mezcle en un bol el yogur, el zumo de limón y la menta.

Corte las guindillas en juliana y báñelas en agua helada para que se formen los rizos.

25

Okras con cebolla y tomate

1 taza de garbanzos	1½ tazas de zumo de
3 tazas de agua	tomate
1 cucharada de aceite	2 cucharadas de vino
de oliva	tinto, opcional
8 cebolletas en vinagre	500 g de okras o 2 latas
2 dientes de ajo	de 375 g, escurridas
machacados	1 cucharada de orégano
4 tomates medianos,	fresco picado
pelados y cortados	1 cucharadita de
1 cucharada de zumo de	pimienta molida
limón	

Tiempo de preparación:
10 minutos + 4 horas
en remojo
Tiempo de cocción:
60 minutos aprox.
Para 4 personas

1 Ponga los garbanzos en un recipiente con agua y déjelos en remojo 4 horas o toda la noche. A continuación, escúrralos. Caliente el aceite en una cacerola y fría las cebollas y el ajo a fuego medio 4 minutos o hasta que se doren. Agregue los tomates, los garbanzos, el zumo de limón, el zumo de tomate y el vino, tápelo y hiérvalo a fuego lento 40 minutos.

2 Añada las okras y deje hervir otros 20 minutos. Si utiliza okras en conserva, añádalas a la mezcla de tomate 5 minutos antes de retirarla del fuego.

3 Agregue el orégano y la pimienta y mézclelos. Sírvalo con arroz, a modo de plato principal, o bien acompañando un plato de carne.

Nota: Hay que lavar las okras y extraerles la fina capa de piel de la base, en la parte superior de la vaina. Para evitar que se reduzcan durante la cocción, los cocineros de Oriente Medio suelen bañarlas en vinagre (½ taza por cada 500 g de okras), dejarlas reposar 30 minutos y escurrirlas antes de cocerlas. Si no pueden utilizarse okras, utilice calabaza o calabacines.

Para pelar los tomates, viértales agua hirviendo y después báñelos en agua fría.

Mezcle los tomates, los garbanzos, el zumo de limón, el zumo de tomate y el vino.

Agregue las okras a la salsa, mézclelo bien y déjelo hervir a fuego lento 20 minutos.

En el último minuto, espolvoree el orégano fresco picado y la pimienta.

Pan pita

También puede utilizarse harina integral.

Tiempo de preparación:
10 minutos +
40 minutos en reposo
Tiempo de cocción:
6-8 minutos
Para 12 unidades

1 paquete de 7g de levadura en polvo	en polvo
1 1/2 tazas de agua tibia	3 1/2 tazas de harina
1 cucharadita de azúcar	2 cucharadas de aceite de oliva

1 Coloque la levadura, el agua y el azúcar en un cuenco y déjelos reposar durante 5 minutos o hasta que adquiera una consistencia espumosa.

2 Disponga la harina, la mezcla de levadura y el aceite en una amasadora eléctrica y bátalo durante 30 segundos o hasta que se forme una bola con la pasta. Si no dispone de una amasadora eléctrica, coloque los ingredientes en un bol y mézclelos con una cuchara de madera o bien con la mano hasta que se forme una masa compacta.

3 Extienda la masa en una superficie bien enharinada y trabájela hasta que quede fina y elástica al tacto. Coloque la masa en un bol untado con abundante aceite, cúbralo con film transparente y un trapo de cocina y déjelo en un sitio templado para que repose durante 20 minutos o hasta que la masa haya casi doblado su tamaño.

4 Golpee la masa para extraerle el aire, divídala en 12 porciones iguales y trabájelas con el rodillo para formar círculos de 5 mm de grosor. Colóquelas en bandejas de horno engrasadas y rocíelas con agua. Déjelas en reposo 20 minutos más para que crezcan y precaliente el horno a 250°C.

5 Si las porciones de masa se han secado, riéguelas de nuevo con agua. Hornéelas de 4 a 5 minutos, al cabo de los cuales el pan pita habrá adquirido un aspecto suave y un color claro, además de hincharse y ahuecarse por dentro. Cómalo caliente con kebabs o bolitas "falafel", o bien déjelo enfriar encima de una rejilla y sírvalo con una ensalada.

Mezcle la levadura, el agua y el azúcar y déjelo reposar hasta que su textura sea espumosa.

Bata la harina, el aceite y la levadura hasta que se forme una bola con la masa.

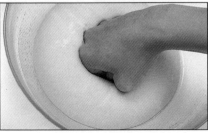

Golpee la masa para extraerle el aire y divídala en 12 porciones iguales.

Con el rodillo, forme círculos de 5 mm de grosor y déjelos en una bandeja de horno.

Pollo y Pescado

Los platos libaneses de pollo y pescado son ligeros y frescos y se condimentan la mayoría de las veces con lima, limón y finas hierbas.

Pollo asado con ajo y yogur

Tiempo de preparación:
10 minutos
Tiempo de cocción:
8 minutos
Para 4 personas

4 pechugas de pollo	1 cucharadita de pimienta de Jamaica
MARINADA:	2 cucharaditas de pimienta negra molida
½ taza de yogur	
1 cucharadita de pimentón dulce molido	3 dientes de ajo
	pimienta de Cayena

1 Para preparar la marinada, mezcle los ingredientes en un bol. Coloque los filetes de pechuga en una parrilla fría, con aceite. Extienda la marinada en una cara de los filetes.
2 Cuézalos a fuego alto durante 6 minutos o hasta que queden dorados y crujientes. Repita este proceso por la cara opuesta. Sírvalos con ensalada.

Machaque el ajo con una pizca de sal, usando la cara plana de la hoja de un cuchillo.

Para preparar la marinada, mezcle el yogur natural y las especias en un cuenco.

Disponga las pechugas en una parrilla y unte con marinada una de las caras.

Dé la vuelta al pollo, unte la cara cruda con la marinada y áselo hasta que esté crujiente.

Pollo con lima y especias

Fresco y sano.

Tiempo de preparación:
15 minutos +
maceración
Tiempo de cocción:
5-10 minutos
Para 4-6 personas

4 pechugas de pollo	cilantro picado
2 cucharadas de aceite de oliva	1 cucharadita de comino picado
	$\frac{1}{2}$ cucharadita de
MARINADA:	cúrcuma
60 ml de zumo de lima	1 cucharada de menta
1 cucharadita de	fresca picada

1 Corte los filetes de pechuga de pollo en tiras de 1,5 cm. Para preparar la marinada, mezcle los ingredientes en un bol, añada las tiras de pollo, cúbralo con film transparente y déjelo marinar en la nevera durante algunas horas o toda la noche, dándole la vuelta de vez en cuando. Después, escurra el pollo y reserve la marinada.

2 Caliente el aceite de oliva en una sartén de tamaño mediano y añada el pollo. Fríalo a fuego medio-alto de 5 a 10 minutos o hasta que quede dorado y tierno; agréguele la marinada.

3 Sirva las tiras de pollo con hummus, enrolladas en pan pita.

Limpie el pollo de grasa y nervios y córtelo en tiras de 1,5 cm.

Mezcle el zumo de lima, el cilantro, el comino, la cúrcuma y la menta para hacer la marinada.

Marine el pollo, escúrralo y póngalo en una sartén con aceite de oliva caliente.

Fría las tiras de pollo hasta que queden tiernas y agrégueles la marinada.

Pollo asado con miel y menta

Tiempo de preparación:
15 minutos
Tiempo de cocción:
1 hora
Para 4-6 personas

1 pollo de 1,6 kg	**¹/₄ taza de miel**
2 dientes de ajo machacados	**1¹/₂ tazas de agua**
2 cucharadas de menta fresca picada	**jengibre en conserva, para servir**
60 g de mantequilla	**almendras cortadas, como guarnición**
el zumo de 1 limón	

1 Precaliente el horno a 180°C. Limpie el pollo de grasa, lávelo y séquelo con papel absorbente.

2 Mezcle el ajo y la menta y unte con esta mezcla el pollo, por debajo de la piel. Caliente la mantequilla, el zumo de limón y la miel en una sartén de tamaño mediano, mezclándolo todo bien.

3 Mediante un pincel, barnice el pollo con la mezcla de miel. Ate los muslos y las alas para que no se muevan y coloque el pollo en una rejilla para asar encima de una fuente resistente al calor. Vierta agua en la fuente.

4 Ase el pollo 1 hora o hasta que esté dorado, untándolo con la mezcla de miel. Sírvalo con el jengibre y las almendras.

Mezcle la menta y el ajo y unte con esta mezcla el pollo, por debajo de la piel.

Caliente la mantequilla, el zumo de limón y la miel y barnice el pollo con esta mezcla.

Con un cordón, ate los muslos y las alas para que no se descoloquen.

Ase el pollo durante 1 hora untándolo de vez en cuando con la mezcla de miel.

Kebabs de pescado y comino

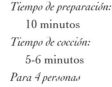

Tiempo de preparación:
10 minutos
Tiempo de cocción:
5-6 minutos
Para 4 personas

750 g de filetes de pescado blanco consistente	1 cucharada de cilantro fresco picado
	2 cucharaditas de
MARINADA:	comino molido
40 ml de aceite de oliva	1 cucharadita de
1 diente de ajo majado	pimienta molida

1 Corte los filetes de pescado en dados de 3 cm de lado y ensártelos en brochetas untadas con aceite. Resérvelos.

2 Para preparar la marinada, mezcle el aceite, el ajo, el cilantro, el comino y la pimienta en un bol. Unte el pescado con la marinada y envuélvalo en film transparente. Consérvelos en el frigorífico algunas horas o toda la noche, dándoles la vuelta de vez en cuando. Séquelos y reserve la marinada.

3 Coloque las brochetas en una parrilla fría y untada con aceite. Áselas a fuego rápido de 5 a 6 minutos o hasta que estén tiernas, dándoles la vuelta y untándolas con la marinada varias veces. Sírvalas acompañadas de pan pita y hortalizas del tiempo.

Corte los filetes de pescado blanco en dados de 3 cm.

Ensarte los dados de pescado en brochetas, una vez untadas éstas de aceite.

Para preparar la marinada, mezcle el aceite, el ajo, el cilantro, el comino y la pimienta.

Ase a la parrilla los kebabs de pescado, untándolos con la marinada de vez en cuando.

Pescado con salsa de piñones

Tiempo de preparación:
15 minutos
Tiempo de cocción:
10-15 minutos
Para 4 personas

SALSA:
³/₄ taza de piñones
tostados
2 rebanadas de pan
integral
1 diente de ajo
1 cucharada de zumo de
limón
1 taza de caldo de

pescado o pollo
1 cucharada de perejil
picado

1 cucharada de
mantequilla
la piel de 1 limón,
cortada en tiras finas
4 filetes de pescado

1 Para preparar la salsa de piñones, triture los piñones, el pan y el ajo, junto con el zumo de limón y el caldo en una picadora, durante 30 segundos o hasta conseguir una mezcla suave. Viértala en un cazo, esparza el perejil por encima y caliéntela.

2 Caliente la mantequilla y la piel del limón, cortada en tiras. Agregue los filetes de pescado blanco y cuézalos a fuego medio 2 minutos por cada lado.

3 Sirva el pescado con la salsa de piñones y acompáñelo de una ensalada verde.

Para preparar la salsa, triture los piñones, el pan, el ajo, el zumo de limón y el caldo.

Vierta la salsa en un cazo, esparza el perejil y caliéntelo.

Caliente la mantequilla y las tiras de la piel de 1 limón en una sartén.

Añada los filetes de pescado y fríalos 2 minutos por cada lado.

Pescado asado con tahina y guindillas

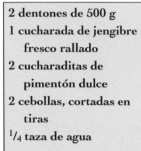

Tiempo de preparación:
10 minutos
Tiempo de cocción:
30 minutos
Para 4 personas

2 dentones de 500 g	**SALSA DE TAHINA**
1 cucharada de jengibre	**Y GUINDILLAS:**
fresco rallado	1/2 taza de tahina
2 cucharaditas de	1 cucharada de miel
pimentón dulce	80 ml de zumo de limón
2 cebollas, cortadas en	1/2 taza de agua
tiras	1/2 cucharadita de salsa
1/4 taza de agua	de guindillas

1 Precaliente el horno a 180°C y unte un plato resistente al calor con mantequilla derretida o aceite. Dibuje en cada lado de los dentones una trama de rombos. Frote el pescado con jengibre y espárzale el pimentón.

2 Coloque la mitad de la cebolla en el plato engrasado, añada el pescado y cúbralo con la cebolla restante. Agregue el agua, tape el plato y hornéelo 30 minutos o hasta que el pescado se desmenuce al pincharlo con un tenedor.

3 Para preparar la salsa de tahina y guindillas, caliente los ingredientes. Retire el pescado de la bandeja y sírvalo con la salsa.

Con un cuchillo afilado, dibuje una trama de rombos en cada cara de los dentones.

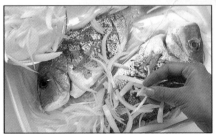

Coloque la cebolla en una bandeja, agregue el pescado y cúbralo con la cebolla restante.

Hornéelo 30 minutos o hasta que la carne se deshaga al pincharla con un tenedor.

Mezcle la tahina, la miel, el zumo de limón, el agua y la salsa de guindillas en una sartén.

41

Con un cuchillo afilado, practique cortes
profundos en la carne de cordero.

Introduzca una lámina de ajo y un trozo de
piel de limón en cada hendidura.

CORDERO, VACUNO Y TERNERA

El cordero es una carne muy apreciada en el Líbano, que se prepara de formas innovadoras. La carne de vacuno es de uso menos frecuente y suele prepararse enrollada en forma de bolitas o bien guisada.

Cordero asado al limón y al cilantro

Tiempo de preparación:
15 minutos
Tiempo de cocción:
80 minutos
Para 4-6 personas

una pierna de cordero de unos 1,8 kg	fresco picado
2 dientes de ajo cortados en láminas	$^{1}/_{4}$ taza de perejil fresco picado
la piel de 3 limones cortada en trozos	1 cucharadita de pimienta negra molida
$^{1}/_{2}$ taza de cilantro	2 cucharadas de aceite
	1 taza de agua

1 Precaliente el horno a 180°C y limpie el cordero de grasa y nervios. Con un cuchillo afilado, practique cortes profundos en la carne e inserte en cada uno de ellos una lámina de ajo y un trozo de piel de limón.

2 Mezcle el cilantro, el perejil, la pimienta y el aceite de oliva y revista el cordero con estas hierbas. Colóquelo en una rejilla, sobre una fuente resistente al calor y vierta agua en la fuente.

3 Téngalo en el horno 1 hora y 20 minutos o el tiempo que considere necesario. Si durante la cocción la carne empieza a secarse, vierta más agua en la bandeja.

4 Sirva el cordero cortado en lonchas, con el jugo de la cocción y acompañado de hortalizas del tiempo.

Nota: El cilantro es una planta herbácea verde con hojas de sabor intenso, que puede adquirirse en la mayoría de verdulerías. No sustituya el cilantro fresco por el seco, ya que tienen un sabor bastante distinto. Se añade agua a la bandeja para evitar que la carne se seque o se quemen los jugos.

Mezcle el cilantro, el perejil, la pimienta y el aceite y unte el cordero con esta mezcla.

Si durante la cocción el recipiente empieza a quedarse sin agua añádale más.

Cordero con berenjenas

Tiempo de preparación:
30 minutos
Tiempo de cocción:
20-25 minutos
Para 6 personas

2 berenjenas cortadas en láminas	de menta secas
40 ml de aceite de oliva	2 cucharadas de mermelada de jengibre
2 cebollas medianas	2 cucharadas de concentrado de tomate
1 kg de carne de cordero picada	1/2 taza de pasas
1 cucharadita de pimienta de Jamaica	3 tazas de arroz de grano largo hervido
2 cucharaditas de hojas	2 tazas de queso rallado

1 Precaliente el horno a 180°C. Unte con mantequilla derretida o aceite un plato resistente al calor. Ponga las berenjenas en un colador, sálelas y déjelas reposar 20 minutos. Lávelas con agua fría y deje que se escurran en papel absorbente.

2 Caliente el aceite en una sartén y rehogue las cebollas, cortadas en tiras, a fuego medio hasta que estén doradas. Agregue el cordero y fríalo a fuego medio-alto 10 minutos o hasta que quede bien dorado y se haya evaporado la mayor parte de líquido. Con un tenedor, vaya aplastando bien la carne.

3 Añada la pimienta de Jamaica, la menta, la mermelada, el concentrado de tomate y las pasas de Corinto. Cuézalo 2 minutos y retírelo del fuego.

4 Disponga la mitad de las berenjenas en la base del plato untado; cúbralas con la mitad de la mezcla de cordero y después la mitad del arroz. Espolvoréelo con la mitad del queso rallado y repita todas las capas, salvo la de queso.

5 Tape el plato y déjelo en el horno 20 minutos o hasta que esté bien caliente. Extráigalo del horno y esparza por encima el resto del queso. Introdúzcalo de nuevo en el horno y gratínelo al grill precalentado 2 minutos o hasta que el queso se haya derretido.

Añada el cordero a las cebollas y fríalo bien, aplastando la carne con un tenedor.

Añada la mermelada, la pimienta de Jamaica, la menta, el concentrado de tomate y las pasas.

Ponga la mitad de las berenjenas en un plato y, encima, la mitad de la mezcla de cordero.

Añada la mitad del arroz y esparza la mitad del queso. Después, repita las capas.

Cordero enrollado en pan pita

Plato indicado para picnic.

Tiempo de preparación:
10 minutos +
2 horas en marinada
Tiempo de cocción:
10 minutos
Para 6 personas

MARINADA:
**2 dientes de ajo
machacados
2 cucharaditas de
cebolla en polvo
1 cucharadita de
jengibre fresco
picado
1 cucharadita de
pimienta molida
1 cucharada de cilantro
fresco picado**

¹/₂ taza de vino tinto

**2 lomos de cordero
2 cucharaditas de aceite
de oliva
4 trozos de pan pita
2 tomates medianos,
cortados en rodajas
tabbouleh, para servir
hummus, para servir**

---

1 Para preparar la marinada, mezcle todos los ingredientes en un cuenco mediano. Limpie el cordero de grasa y nervios y añádalo a la marinada, de forma que quede bien empapado; cúbralo con film transparente y guárdelo en la nevera unas horas o toda la noche, dándole la vuelta de vez en cuando. Después, escúrralo y reserve la marinada.

2 Caliente el aceite en una sartén mediana y fría el cordero a fuego medio-alto 5 minutos por cada lado. Agregue la marinada 3 minutos antes de retirarlo del fuego y redúzcala a 2 cucharadas, a fuego alto. Corte el cordero en lonchas.

3 Colóquelas en pan pita caliente, una vez abierto, con rodajas de tomate, hummus y tabbouleh por encima. Enrolle el pan envolviendo todo el relleno y sírvalo al instante.

CONSEJO

Puede adquirirse cebolla en polvo en muchos supermercados o en herboristerías. Si no encuentra, sustitúyala por cebolla fresca picada muy fina.

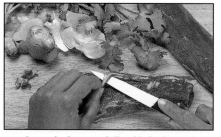

Con la ayuda de un cuchillo afilado, limpie la carne de cordero de grasa y nervios.

Bañe el cordero en la marinada y guárdelo algunas horas.

Escurra el cordero y fríalo en aceite. Suba el fuego, agregue la marinada y redúzcala.

Corte el cordero en lonchas y sírvalo en pan pita caliente.

47

Koftas de vaca

También de cordero.

Tiempo de preparación:
20 minutos
Tiempo de cocción:
8 minutos
Para 6 personas

¹/₄ **taza de sémola de trigo (bulgur)**	**comino molido**
1 taza de agua	¹/₂ **cucharadita de canela en polvo**
750 g de carne de vacuno picada	¹/₄ **taza de piñones picados**
1 cebolla pequeña picada	**1 huevo poco batido**
1 diente de ajo majado	**6 trozos de pan pita, para servir**
1 cucharadita de	**tabbouleh, para servir**

1 Ponga la sémola de trigo en un recipiente con agua y déjela en remojo 30 minutos. Escúrrala, exprimiendo todo el líquido, y mézclela con los demás ingredientes en un bol. Divida la mezcla en 12 porciones iguales.

2 Dé a las porciones la forma de salchichas y ensártelas en broquetas de metal, longitudinalmente.

3 Coloque las koftas en una parrilla fría, con un poco de aceite, y deje que se asen a fuego medio-alto 8 minutos, dándoles la vuelta, hasta que estén bien doradas y hechas.

4 Sírvalas acompañadas de pan pita y tabbouleh.

Mezcle el trigo mojado y escurrido con los demás ingredientes.

Divida la masa en 12 porciones iguales y enróllelas en forma de salchichas.

Introduzca con cuidado una brocheta de metal, longitudinalmente.

Ase las koftas en una parrilla a fuego medio-alto, dándoles la vuelta de forma regular.

Estofado de buey con okras

Tiempo de preparación:
10 minutos
Tiempo de cocción:
1 hora
Para 6 personas

10 ml de aceite de oliva	fresco picado
2 cebollas medianas, cortadas en octavos	8 patatas "baby", cortadas en cuartos
1 kg de espalda de vacuno, sin grasa, cortada en trocitos de 2 cm	2 tazas de caldo de vaca
1/3 taza de vino tinto	1/4 taza de perejil fresco picado
1/4 taza de concentrado de tomate	350 g de okras o bien 2 latas de 375 g de okras, lavadas y escurridas
1 cucharada de cilantro	

1 Caliente el aceite en una cacerola de fondo pesado y fría las cebollas a fuego medio-alto hasta que queden bien doradas. Añada la carne por tandas y fríala de 2 a 3 minutos, removiendo, hasta que esté dorada por todos los lados. Una vez hecha toda la carne, colóquela de nuevo en la cacerola.

2 Agregue el vino, el concentrado de tomate y el cilantro a la cacerola. Tápelo y deje que hierva a fuego lento 35 minutos. Añada las patatas y el caldo de vaca y déjelo hervir durante 15 minutos, esta vez sin tapar.

3 Eche el perejil y las okras y deje hervir otros 10 minutos. Si utiliza okras enlatadas, agréguelas al estofado 5 minutos antes de retirarlo del fuego.

4 Sirva el estofado con pan y arroz u otras hortalizas.

Nota: Si no puede conseguir okras, utilice calabaza o calabacines cortados en trozos de 3 cm de longitud. Para preparar okras frescas debe extraerles la fina capa de piel que recubre la base de la vaina. Rocíelas de vinagre y déjelas reposar 30 minutos; lávelas con agua y escúrralas. Las okras tienen un sabor delicioso, pero una textura algo viscosa. Para que su carne sea más consistente, déjelas en una marinada de vinagre.

Agregue por tandas la carne a la cebolla y fríala hasta que quede bien dorada.

Agregue el vino, el concentrado de tomate y el cilantro a la carne ya hecha en la cacerola.

Añada las patatas cortadas en cuartos y el caldo y deje hervir 15 minutos a fuego lento.

Añada el perejil y las okras, remueva todo bien y déjelo hervir 10 minutos a fuego lento.

Albóndigas en salsa de yogur

Tiempo de preparación:
20 minutos
Tiempo de cocción:
15 minutos
Para 4 personas

750 g de carne de vacuno picada	**SALSA DE YOGUR:**
1 cebolla mediana picada	2 tazas de yogur natural
1 cucharada de eneldo fresco picado	1 cucharada de harina de maíz disuelta en
1/2 cucharadita de cardamomo molido	1 cucharada de agua
1 cucharadita de comino molido	2 cucharadas de hojas de cilantro frescas
10 ml de aceite de oliva	1 cucharadita de semillas de comino

1 Mezcle la carne, la cebolla, el eneldo, el cardamomo y el comino en un bol. Forme bolitas con cucharadas de la mezcla.

2 Caliente el aceite en una sartén de fondo pesado y fría las albóndigas a fuego medio-alto de 5 a 10 minutos, dándoles la vuelta con frecuencia para que se doren por todas partes. Escúrralas en papel absorbente y déjelas a un lado.

3 Para preparar la salsa de yogur, coloque el yogur y la mezcla de harina de maíz en una cacerola y bátalo hasta conseguir una crema fina. Deje que hierva a fuego lento removiendo constantemente 5 minutos o hasta que el yogur empiece a espesar. La harina de maíz evita que la mezcla cuaje.

4 Añada las albóndigas a la salsa de yogur y deje hervir todo a fuego lento otros 5 minutos o hasta que esté bien caliente. Agregue el cilantro y las semillas de comino. Sirva las albóndigas acompañadas de una ensalada de cebolla o en pan pita caliente.

Nota: Estas albóndigas también pueden prepararse con carne magra de cordero picada. En este caso, sustituya las hojas de cilantro de la salsa de yogur por menta fresca.

Mezcle los ingredientes en un bol y forme con las manos bolitas de la masa.

Fría las albóndigas dándoles la vuelta con frecuencia, hasta que estén totalmente doradas.

Deje que la salsa de yogur hierva a fuego
lento durante 5 minutos hasta que se espese.

Añada las albóndigas a la salsa de yogur y
esparza el cilantro y las semillas de comino.

Ternera rellena de pollo con especias

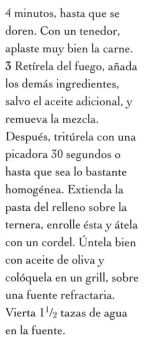

Tiempo de preparación:
15 minutos
Tiempo de cocción:
1 hora 30 minutos
Para 6 personas

2 kg de espaldilla de ternera deshuesada	gibre fresco rallado
20 ml de aceite de oliva	2 guindillas rojas sin semillas y cortadas
	2 huevos poco batidos
RELLENO:	$^1/_3$ taza de pacana picada
2 cucharaditas de aceite de oliva	$^1/_2$ cucharadita de pimienta negra molida
6 cebolletas picadas	$^1/_4$ cucharadita de pimentón
500 g de carne de pollo picada	$^1/_2$ cucharadita de cilantro picado
1 taza de pan integral recién rallado	aceite de oliva adicional
1 cucharadita de jen-	

1 Precaliente el horno a 180°C. Limpie la ternera de grasa y nervios y póngala en una tabla de madera con la parte interna hacia arriba. Corte y extienda las partes más gruesas de la carne y golpéela para darle una forma plana.

2 Para preparar el relleno caliente el aceite en una sartén de fondo pesado y fría la cebolla y la carne de pollo picada a fuego medio 4 minutos, hasta que se doren. Con un tenedor, aplaste muy bien la carne.

3 Retírela del fuego, añada los demás ingredientes, salvo el aceite adicional, y remueva la mezcla. Después, tritúrela con una picadora 30 segundos o hasta que sea lo bastante homogénea. Extienda la pasta del relleno sobre la ternera, enrolle ésta y átela con un cordel. Úntela bien con aceite de oliva y colóquela en un grill, sobre una fuente refractaria. Vierta $1^1/_2$ tazas de agua en la fuente.

4 Hornee la ternera 1 hora y 30 minutos o hasta que esté cocida al gusto. Si es necesario, vierta más agua en la bandeja. Retire la grasa de la superficie de la ternera y sirva ésta con los jugos de la cocción.

Fría la carne de pollo picada hasta que se dore, aplastando la carne con un tenedor.

Agregue los demás ingredientes del relleno y mézclelo todo bien.

Extienda el relleno sobre la ternera, enrolle ésta y átela firmemente con un cordel.

Unte la ternera con aceite de oliva y ásela al horno sobre un grill.

Añada el yogur, la leche y los huevos a los
ingredientes sólidos del bol.

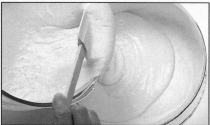

Vierta la mezcla del pastel en un molde
preparado y hornéela durante 1 hora.

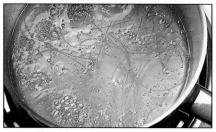

Cueza a fuego lento los ingredientes del sirope
de limón, hasta que el azúcar se disuelva.

Vierta la mitad del sirope de limón sobre el
pastel justo después de sacarlo del horno.

POSTRES Y REPOSTERÍA

A los libaneses les gustan los postres dulces, a menudo aromatizados con agua de rosas
o agua de azahar, y complementados con miel y nueces.

Pastel de yogur con sirope de limón

2¹/₂ tazas de harina flor, tamizada
¹/₂ cucharadita de levadura
1 taza de azúcar en polvo
1 taza de yogur natural
1 taza de leche
2 huevos poco batidos

SIROPE DE LIMÓN:
1¹/₄ tazas de azúcar en polvo
³/₄ taza de agua
la piel de 1 limón cortada en tiras
¹/₄ taza de zumo de limón
tiras de piel de limón, como guarnición
crema batida

Tiempo de preparación:
20 minutos
Tiempo de cocción:
50-60 minutos
Para 8-10 personas

1 Precaliente el horno a una temperatura de 180°C. Unte con mantequilla derretida o aceite un molde redondo, revista el fondo de papel y engráselo. Ponga la harina, la levadura y el azúcar en polvo en un bol de tamaño mediano y vierta el yogur, la leche y los huevos ya mezclados. Bátalo todo con un robot de cocina a baja velocidad 2 minutos o hasta obtener una mezcla homogénea. A continuación, bátalo a velocidad alta durante 5 minutos o hasta que se deshagan los grumos y la masa aumente de volumen.

2 Vierta la masa en el molde untado y hornéela durante 1 hora o hasta que al introducir una brocheta en su interior, ésta salga limpia. Vierta la mitad del sirope de limón preparado inmediatamente después de extraer el pastel del horno y déjelo enfriar durante 10 minutos antes de darle la vuelta y servirlo con las tiras de limón, el resto del sirope y la crema.

3 Para preparar el sirope de limón, ponga todos los ingredientes en un cazo y caliéntelos a fuego lento sin que lleguen a hervir, removiéndolos, hasta que el azúcar se disuelva. Deje el sirope en el fuego 7 minutos o hasta que espese y después manténgalo caliente. Antes de servir, retire las tiras de limón.

Nota: El pastel de yogur suele servirse caliente, pero también se sirve frío. El sirope de limón se conserva bien en el frigorífico, en un recipiente cubierto, y resulta una bebida refrescante mezclado con agua de soda o agua mineral con gas.

Manzanas con sabor a rosa

Tiempo de preparación:
15 minutos
Tiempo de cocción:
20 minutos
Para 4 personas

RELLENO:	SIROPE:
¹/₂ taza de albaricoques glaseados y cortados	1 taza de azúcar en polvo
2 cucharaditas de jengibre glaseado picado	2 tazas de agua
¹/₃ taza de sultanas	2 cucharaditas de agua de rosas
la piel de 1 lima cortada en tiras	4 manzanas, partidas por la mitad

1 Precaliente el horno a 180°C. Unte la base de un plato hondo y resistente al calor con mantequilla derretida o aceite.

2 Para preparar el relleno, mezcle los ingredientes en un bol.

3 Para preparar el sirope, mezcle el azúcar, el agua y el agua de rosas en un cazo y caliéntelos a fuego lento hasta que el azúcar se disuelva. Deje que hierva 4 minutos y viértalo en el plato preparado.

4 Descorazone las manzanas y rellénelas con la mezcla. Colóquelas en una bandeja de horno, vierta el sirope y cuézalas 20 minutos, rociándolas de vez en cuando con el sirope.

5 Sírvalas con nata.

Vierta el sirope de agua de rosas en un plato engrasado resistente al calor.

Corte las manzanas por la mitad, transversalmente, y extráigales el corazón.

Coloque una cucharada de relleno en el interior de cada manzana.

Vierta sirope encima de las manzanas y no deje de rociarlas durante la cocción.

Tortitas con sirope de naranja

Tiempo de preparación:
20 minutos
Tiempo de cocción:
30 minutos
Para 6 personas

TORTITAS:
2 tazas de harina flor
$^1/_2$ cucharadita de
   levadura en polvo
2 cucharadas de azúcar
   en polvo
1$^1/_2$ tazas de leche
$^1/_2$ taza de agua
1 huevo poco batido

**SIROPE DE
   NARANJA:**
1 taza de azúcar en
   polvo
$^3/_4$ taza de agua
1 cucharada de zumo de
   limón
1 cucharada de agua de
   azahar

1 Para preparar las tortitas, tamice la harina, la levadura y el azúcar en polvo en un cuenco. Practique un agujero en el centro y vierta la leche, el agua y el huevo de forma gradual. Bátalo hasta que haya añadido todo el líquido y la mezcla sea homogénea.

2 Coloque la mezcla en un recipiente y refrigérelo, cubierto con film transparente, durante 15 minutos.

3 Cuando la mezcla esté lista para cocer, ponga 2 ó 3 cucharadas en una sartén engrasada y extiéndala por toda la base de la misma.

4 Cueza la mezcla a fuego medio durante 3 minutos o hasta que la cara que se cuece esté dorada y se formen burbujas en la superficie. Entonces, déle la vuelta y cuézala por la otra cara. Retírela del fuego, póngala en un plato y tápela con un trapo de cocina, sin dejar que se enfríe.

5 Repita el mismo procedimiento con el resto de la mezcla, engrasando la sartén cuando empiece a secarse.

6 Para preparar el sirope de naranja, mezcle el azúcar, el agua, el zumo de limón y el agua de azahar en un cazo. Caliéntelos a fuego lento, removiendo constantemente, hasta que la mezcla hierva y el azúcar se haya disuelto. Reduzca el calor y déjelo hervir, sin tapar ni remover, durante 5 minutos o hasta que el sirope reduzca y adquiera una consistencia ligeramente espesa.

7 Retírelo del calor y espere 2 minutos hasta que las burbujas desaparezcan.

8 Vierta el sirope por encima de las tortitas y sírvalas en pilas pequeñas.

Nota: Un alternativa consiste en servir las tortitas en pilas, con 300 ml de nata batida y ½ taza de pistachos picados. No trate de añadir más agua de azahar de la que se especifica en la receta, puesto que tiene un aroma muy intenso y podría estropear el plato. Si lo prefiere, no utilice ni agua de azahar ni zumo de limón, y sustituya estos ingredientes por 2 cucharadas de zumo de naranja fresco.

Mezcle los ingredientes sólidos y añada la leche, el agua y el huevo de forma gradual.

Vierta 2 ó 3 cucharadas de la mezcla en una sartén engrasada y extiéndalas por toda la base.

Cuando se formen burbujas en la superficie, déle la vuelta para freírla por la otra cara.

Caliente el sirope en un cazo hasta que reduzca y espese ligeramente.

Galletas de nuez

Para servir con café o con helado.

Tiempo de preparación:
10 minutos +
30 minutos en reposo
Tiempo de cocción:
15-20 minutos
Para 28 unidades

200 g de mantequilla	**RELLENO:**
¹/₂ taza de azúcar en polvo	**¹/₂ taza de nueces picadas**
2 cucharadas de agua de azahar	**¹/₄ taza de azúcar en polvo**
2 tazas de harina	**1 cucharadita de canela**

1 Precaliente el horno a una temperatura de 160°C. Unte con mantequilla derretida o aceite un molde para bizcochos de 32 x 28 cm, revista la base con papel y engráselo.

2 Bata la mantequilla reblandecida y el azúcar en un cuenco pequeño hasta obtener una mezcla suave y cremosa. Colóquela en un bol de mayor tamaño y con una cuchara de metal vaya añadiéndole el agua de azahar y la harina tamizada, hasta que todo esté bien mezclado. Presione la mezcla con las manos hasta formar una pasta espesa.

3 Para preparar el relleno, mezcle bien todos los ingredientes en un bol.

Forme bolitas con cucharadas colmadas de la pasta y presione las bolitas con el pulgar para que se forme un hueco en la parte central. Coloque 1 cucharadita del relleno en cada hueco y disponga las galletas en fuentes de horno. Aplánelas ligeramente, sin dejar que la pasta cubra el relleno y hornéelas de 15 a 20 minutos o hasta que estén doradas.

4 Deje que se enfríen en una rejilla y sírvalas después de cenar, con el café.

Nota: El agua de azahar es un líquido aromático utilizado para dar sabor a siropes y pastas en Oriente Medio. Puede adquirirse en tiendas de productos naturales y en establecimientos de comida griega y libanesa.

Bata la mantequilla y el azúcar con una batidora eléctrica hasta que la pasta sea fina.

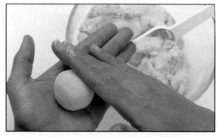

Forme bolitas con las manos tomando como medida cucharadas de la masa.

Presione las bolitas por la parte central para que se forme un hueco y coloque el relleno.

Cuando las galletas estén doradas retírelas del horno y deje que se enfríen en una rejilla.

ÍNDICE